견고한 진을 피하는 영적 전쟁 시리즈 1

종교의 영을 몰아내십시오

Overcoming the Religious Spirit

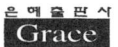
은혜출판사
Grace

Combating spiritual strongholds series
Overcoming the Religious Spirit

by Rick Joyner

Copyright © 1996, 1998 by Rick Joyner
Originally published in English by Morning Star publications.
P.O.Box 19409
Charlotte, NC 28219-9409 USA
Korean copyright © 2002 by Grace Publisher
178-94 Soongin 2 dong Jongro-gu Seoul Korea
All rights reserved.

종교의 영을 몰아내십시오

 **제1부 종교의 영을 식별함**

종교의 영의 본성 | 19
커다란 미혹 | 24
두 개의 토대들 | 28
죄책감의 기초 | 30
교만의 기초 | 34
치명적인 결합 | 41
위조된 분별의 은사 | 43
광명의 천사들 | 45
종교의 영과 살인자 | 48
진정한 사자에 대한 시험 | 52

제2부 종교의 영이 사용하는 가면들

이세벨의 영 | 57
자기 의의 뿌리 | 62
거짓 계시 | 65
순교자 증후군 | 70
스스로 돕는 심리학 | 72

제3부 요 약

종교의 영에 대한 경고 신호들 | 79
시험채점 | 91
종교의 영으로부터 자유케 되기 위해 우리가
할 수 있는 열 가지 것들 | 93
결 론 | 101

제 1부

종교의 영을 식별함

하나님을 사랑하는 것은 가장 위대한 계명이며, 또한 우리가 가질 수 있는 가장 위대한 선물입니다. 두 번째로 위대한 계명은 우리의 이웃들을 사랑하는 것입니다. 주님께서 말씀하셨듯이 이 두 계명을 지킴으로서 모든 율법은 충족되어지게 됩니다. 그렇습니다. 우리가 이 두 계명을 지킨다면, 우리는 모든 율법을 지키게 될 것입니다(마태복음 22:34~40, 로마서 13:8을 보십시오).

우리가 주님을 사랑한다면, 우리는 우상을 숭배하지 않을 것입니다.

우리가 우리의 이웃을 사랑한다면, 우리는 그들의

소유물을 탐내거나 그들로부터 무엇을 훔치지 않을 것이며, 또한 그들을 살인하지 않을 것입니다. 그러므로 하나님을 사랑하고 이웃을 사랑하라는 이 두 가지의 적극적인 계명을 지킴으로 우리로 하여금 율법의 "하지 말라"고 하는 부정적인 모든 것들을 충족시킬 수 있도록 해줍니다.

단지 하나님을 사랑하는 것만으로도 우리의 마음 속에 있는 대부분의 악을 극복할 것이며, 그리고 그것은 세상의 악에 대한 가장 강력한 무기이기도 합니다. 하나님을 사랑하는 것은 우리의 가장 높은 목표이기 때문에 그것이 우리 삶에서 가장 우선시되는 초점이어야 합니다.

그렇기 때문에 교회를 향한 원수의 가장 기만적이고 치명적인 공격들 가운데 하나는 이러한 궁극적 추구로부터 우리 관심을 다른 곳으로 돌리려는 것입니다. 그리고 원수의 전략은 우리로 하여금 우리의 삶 가운데 있는 악에 초점을 맞추도록 하는 것입니다. 왜냐하면 원수는 우리가 우리 스스로 바라보고 있는 대상처럼 될 것이라는 사실을 알고 있기 때문입니다(고린도후서 3:18을 보십시오). 우리가 계속해서 악을 바라보고 있는 한, 악은 우리에 대한 지배권을 계속 가질 것입니다. 우리가 주님을 바라보고, 그리고 그분의 영광을 바라볼 때, 우리는 그분의 형상으로 변하게 될 것입니다.

이것은 우리의 삶에 있는 죄와 허물을 무시해야 한다는 것을 의미하는 것이 아닙니다. 사실 성경은 우리가 믿음 안에 있음을 분명히 하기 위해 우리 자신을 살피고 또한 우리 자신을 시험하라고 명합니다(고린도후서 13:5).

문제는 죄악(iniquity)이 발견된 후에 우리는 어떻게 할 것인가 하는 것입니다. 우리는 선과 악의 지식나무를 의지할 것인지, 아니면 생명나무를 의지할 것인지? 우리는 우리 스스로 더 선해지도록 노력해서 하나님께 받아들여지도록 할 것인지, 아니면 우리의 죄를 이기는 권능과 용서를 발견하기 위해 예수님의 십자가를 의지할 것인가 하는 것입니다.

원수의 기본적인 전략은 우리의 초점을 악에 맞추도록 획책하는 것인데, 그것은 지식나무에 참여하도록 하고, 주님과 십자가의 영광으로부터 멀어지게 하는 것입니다.

이러한 술책은 하나님께 대한 진정한 사랑과 진정한 예배에 대한 위조품인 종교의 영의 형태로 나타납니다. 그것은 아마도 뉴 에이지 운동과 모든 다른 신비 종교(cult)가 결합된 것보다 훨씬 많은 해악을 교회에 끼쳐왔을 것입니다.

제1부 종교의 영을 식별함

종교의 영의 본성

종교의 영은 우리의 삶에서 성령의 권능대신 종교적인 활동을 대치하려고 추구하는 악령입니다. 이 영의 주요 목표는 "경건의 능력은 부인했지만 경건의 모양은 유지하고 있는" 교회들을 차지하는 것입니다 (딤후 3:5).

사도 바울은 "이 같은 자들에게서 돌아서라"는 말로 자신의 훈계를 끝맺었습니다.

이 종교의 영은 주님께서 제자들에게 주의하라고 경고하셨던 "바리새인과 사두개인의 누룩"(마태 16:6)입니다.

주님은 친히 가르치셨던 공과를 예증하기 위해서

종종 비유를 사용하셨습니다.

종교의 영은 마치 빵 속에 들어있는 누룩처럼 영향력을 행사합니다. 누룩은 빵의 내용물을 더해 주거나 영양적 가치를 높여주지는 않고 오직 빵을 부풀어 커지게만 합니다. 종교의 영도 이런 식으로 역사합니다. 그것은 교회에 생명과 권능을 더해주지는 않고, 그 대신 처음 인간을 타락하게 만들었으며 그 이후에도 거의 모든 타락의 원인이 되었던 교만을 확장시키기만 합니다.

사탄은 "하나님은 교만한 자를 물리치시고 겸손한 자에게 은혜를 주신다"(야고보서 4:6)는 사실을 심지어 교회보다 더 잘 이해하고 있는 것처럼 보이기도 합니다. 사탄은 교만으로 부풀어 오른 어떤 사역에도 하나님께서 함께 해주시지 않으실 것이며, 심지어 그런 사역을 대적하실 것이라는 사실을 잘 알고 있습니다.

그렇기 때문에 사탄의 전략은 우리를 교만하게 만드는 것이고, 선한 것들에 대해서조차도 교만하게 만드는 것입니다. 가령 우리가 성경을 얼마나 많이 읽었으며, 또는 얼마나 많이 증거했으며, 얼마나 많이 가난한 자들을 먹였는가 하는 것들에 대해서 교만하게 만드는 것입니다.

사탄은 만일 우리가 교만 가운데서 하나님의 뜻을 행한다면 우리의 사역은 모조품을 생산하게 되고 궁극적으로 우리를 타락으로 향하게 할 수 조차 있다는 것을 알고 있습니다.

사탄은 일단 누룩이 빵 속에 들어가게 되면 그것을 제거하기가 심히 어렵다는 사실 또한 알고 있습니다. 교만은 본질적으로 교정하거나 제거하기가 가장 어려운 요새(stronghold)입니다.

종교의 영은 이미 우리가 하나님의 의향, 즉 그분이 말씀하시는 것과 그분을 기쁘시게 해드리는 것이 무엇인지 알고 있다고 하는 잘못된 생각에 빠지게 함으로써 우리로 하여금 하나님의 음성을 듣지 못하도록 합니다.

이런 기만적인 속임수는 하나님은 우리와 똑같으시다고 믿는 것의 결과입니다. 이런 기만적인 속임수는 성경의 질책과 권고들, 그리고 교정의 말씀들이 우리를 위한 것이 아니라, 다른 사람들을 위한 것으로 믿게 합니다.

만약 종교의 영이 당신의 삶에서 문제라면, 당신은

지금 이미 당신이 알고 있는 누군가가 얼마나 이 메시지를 읽어야 할 필요가 있을 만큼 나쁜가에 관해 생각하기 시작했을 것입니다. 그런 사람에게는 바로 "자기 자신"이 이 메시지를 필요로 하기 때문에 하나님께서 이 책을 지금 자신의 손에 들고 있게끔 해주셨다는 생각은 전혀 떠오르지도 않을 것입니다. 사실 우리 모두가 이 메시지를 필요로 합니다. 이것은 어느 수준에서 우리 모두가 싸우고 있는 대적 중의 하나입니다. 우리가 이 파멸적인 기만으로부터 자유케 되는 것은 필수적인 일입니다. 그렇게 되기 전까지 우리는 성령과 진리 가운데 주님을 경배할 수 없을 것입니다.

우리가 권능 가운데서 참된 복음을 전파할 수 있는 정도에 직접적으로 영향을 미치게 되는 것은 우리가 이 강력한 속임수로부터 벗어난 정도와 정확히 비례할 것입니다.

종교의 영에 대한 교회의 대항(confrontation)은 마지막 시대의 웅장한 전투들 가운데 하나가 될 것입니다. 모든 사람들이 이 전투에서 싸우게 될 것입니다. 우리가 결정해야 할 단 한 가지는 우리가 어느 편에 설 것인가 하는 것입니다. 만일 우리가 종교의 영으로부터 우리 스스로 자유롭지 못하다면 우리는 다른 사람들을 어둠으로부터 구해내는 권위를 가지지 못할 것입니다.

이 가공할 만한 원수로부터 진지를 차지하기 위해 우리는 주님께서 주님의 빛을 우리에게 비추어 주시도록 요청해야 하며, 이 빛이 우리에게 개인적으로 어떻게 적용되는 지를 보여 주시도록 요청해야 합니다.

주님께서 끊임없이 바리새인들과 직면함으로써 예증되었던 것처럼 처음부터 교회의 가장 맹렬한 싸움은 이 영과의 싸움이었습니다. 바리새인들의 근본적인 성품이 자신들의 잘못에는 눈이 멀어있는 동안 다른 사람들이 잘못하는 것에 자신들의 초점을 맞추고 있는 것과 정확히 동일하게, 종교의 영은 우리로 하여금 같은 잘못을 범하게 하려고 시도합니다.

커다란 미혹

종교의 영이 가지고 있는 가장 기만적인 성품들 중 하나는 그것이 하나님을 위한 열정 위에 세워져 있다는 것입니다.

하나님을 위한 열정은 악한 것일 수 없다고 생각하는 경향이 우리에게는 있습니다. 그러나 결정적인 것은 왜 우리가 하나님을 위해 열정적인가 하는 것입니다.

바울은 자신의 유대인 형제들에게 이렇게 써보냈습니다.

"내가 증거하노니 저희가 하나님께 열심이 있으나 지식을 좇은 것이 아니라"(롬 10:2).

땅 위에 있는 사람들 중에 바리새인들보다 더 많이

기도하고, 더 많이 금식하고, 더 많이 성경을 읽고 또는 메시아의 오심에 대해 더 큰 소망을 품었으며, 또는 하나님의 것들에 대해 더 큰 열정을 가졌던 사람들은 아무도 없었습니다. 그러나 그들은 가장 큰 하나님의 대적자들이었으며, 메시야가 오셨을 때 메시야의 가장 큰 대적자들이었습니다.

다소성 출신의 젊은 사울은 회심하기 전 하나님의 교회를 핍박하고 있었을 때, 하나님을 위한 열정에 의해서 움직였습니다.

하나님을 위한 열정은 미지근함에 사로잡혀 열정이 사라져 버린 대부분의 오늘날 교회에 가장 절실하게 요구되는 특성들 중 하나입니다.

주님은 라오디게아 교회를 향해 "그러므로 네가 열심을 내라 회개하라"(계시록 3:19)고 명하셨습니다. 참으로 열정적인 사람들은 가장 멈추게 하기 어려운 사람들입니다.

그러므로 그들에 대한 원수의 전략은 그들로 하여금 지나치게 멀리가도록 그들을 떠미는 것입니다. 원수가 사용하는 전략의 첫 단계는 그들로 하여금 그들 자신의 열정 가운데 영광에 이르게 하는 것입니다.

우리가 가지고 있는 어떤 은사나 성품이 얼마나 중요한가에 관계없이, 만일 원수가 우리로 하여금 그것에 대한 자만심을 가지게 할 수 있다면 원수는 우리를 자기의 올가미 안에 넣을 것이며, 악을 위해 그 은사를 사용할 것입니다.

주님께서 이 땅을 걸으셨던 동안 악령들과는 어떤 문제도 없었습니다. 악령들은 재빨리 주님의 권위를 인정하고 자비를 구했습니다. 그러나 보수적이고 열성적인 종교 집단은 즉시 그분의 가장 큰 대적이 되었습니다. 하나님의 말씀에 대해 가장 열정적이었던 사람들이, 말씀이신 그분이 자신들 가운데 걸어다니시기 위해 오셨을 때, 그분을 십자가에 못박아 죽였습니다. 동일한 사실이 지금도 여전히 진리입니다.

모든 사교(cult)들과 거짓 종교들을 모두 더하여도 그들이 하나님의 참된 역사에 끼친 손상은 종교의 영에 의한 저항 또는 침투로 말미암은 손상보다 적습니다. 신비종교와 거짓종교들은 쉽게 분별됩니다. 그러나 종교의 영은 오늘날까지 아마도 거의 모든 부흥운동 또는 다른 운동들을 방해하거나 또는 그 방향을 왜곡시켜 왔습니다. 그럼에도 불구하고 그것은 눈으로 볼 수 있는 거의 모든 교회를 통하여 영예로운 지위를 여전히 유지하고 있습니다.

하나님의 성전에서 자신의 지위를 차지하고 있으며, 자신이 하나님이라고 선포될 것인데(살후 2:4) 이것이 바로 종교의 영의 출현입니다.

하나님의 성전은 더 이상 손으로 만든 것이 아니며, 이것은 예루살렘에 있는 어떤 건물에 관해 언급하는 것이 아닙니다. 이 죄의 사람은 교회 안에 자기의 자리를 차지할 것입니다.

불행하게도 그것은 그가 이렇게 하도록 허용하는 교회에 있게 될 것입니다.

두 개의 토대들

원수의 진(stronghold)들 대부분이 그렇듯이, 종교의 영은 두 개의 기본적인 토대들 위에 자신의 사역을 건설하는데 그 두 개의 토대는 두려움과 교만입니다.

종교의 영은 우리로 하여금 우리가 받아들여지는 하나님의 승인(approval)이 예수님의 십자가를 통해 오는 것임을 알게 하는 대신에 그분의 승인을 얻기 위해 주님을 섬기도록 만들기 위해 노력합니다. 그러므로 종교의 영은 하나님과 관계의 토대를 화해를 위한 그리스도의 희생 위에 놓기보다 개인적인 훈련 위에 놓습니다.

이것을 행한 동기는 두려움이나 교만일 수 있으며

또는 이 두 가지의 결합일 수도 있습니다.

두려움과 교만은 타락으로부터 말미암은 두 가지의 기본적인 결과들입니다. 그리고 그것들로부터 자유케 되는 데는 대개 긴 과정을 거쳐야 합니다. 그것이 바로 주님께서 심지어 이세벨에게도 "회개할 시간"(계시록 2:20-21을 보십시오)을 주셨던 이유입니다. 성경에 나오는 아합왕의 아내 이세벨은 매우 종교적인 여인이었지만 그녀는 거짓종교에 헌신되어 있었습니다. 주님께서는 그녀에게 회개할 시간을 주신 이유는 이 영의 뿌리가 매우 깊이 자리잡고 있었으므로, 충분히 회개하고 그것으로부터 벗어날 시간이 요구되었기 때문입니다.

그러나 비록 주님께서 이세벨에게 회개할 시간을 주시긴 했지만, 그분은 그녀를 용납한 것에 대해 두아디라 교회를 책망했습니다(계시록 2:20).

우리는 종교의 영을 가진 사람들에 대해 인내할 수 있습니다. 그러나 우리가 그들이 회개하기를 기다리는 동안 우리 가운데 그들의 사역을 용인해서는 안됩니다. 만약 우리가 이 영을 신속하게 대적하지 않으면 아마도 그것은 우리가 당할 수 있는 그 어떤 다른 공격보다 더 심각한 피해를 교회와 우리의 사역과 우리의 가정과 삶 속에 가져올 것입니다.

죄책감의 기초

 사무엘을 키웠던 엘리 제사장은 죄책감에 기초한 종교의 영 안에서 사역한 사람으로서 성경에 나오는 한 예입니다. 엘리는 주님을 향한 엄청난 열정을 가지고 있었기 때문에 블레셋 사람들에게 법궤를 빼앗겼다는 말을 들었을 때, 그는 그만 의자에서 떨어져 죽고 말았습니다. 그는 대제사장으로서 주님을 섬기기 위해 노력하면서 자신의 생애를 보냈습니다. 그러나 사무엘에게 주어졌던 맨 첫 번째 예언의 말씀은 성경에 나타난 가장 무서운 질책들 가운데 하나였습니다. 그리고 그것은 바로 엘리에 대한 예언이었습니다.

"내가 그 집을 영영토록 심판하겠다고 그에게 이른 것은 그의 아는 죄악을 인함이니 이는 그가 자기 아들들이 저주를 자청하되 금하지 아니하였음이라. 그러므로 내가 엘리 집에 대하여 맹세하기를 엘리 집의 죄악을 제물로나 예물로나 영영히 속함을 얻지 못하리라 하였노라"(사무엘상 3:13~14).

주님을 위한 엘리의 열정은 아버지로서 자신의 무책임함을 보상해 줄 것으로 여겼던 희생들과 제물들 위에 기초해 있었습니다.

죄책감은 우리를 자극하여 주님을 위한 엄청난 열심으로 우리를 몰아갈 수 있습니다. 그래서 우리는 희생들과 제물들을 사용해서 우리의 실패를 보상하려고 시도하게 되는 것입니다.

이것은 십자가에 대한 중대한 모독 행위입니다. 십자가만이 우리의 죄책감을 말소해 줄 수 있습니다.

그러한 열심은 설령 우리가 영원히 희생을 드릴지라도 결코 주님께 받아들여 질 수 없습니다.

우리는 여기서 주님께서 결코 엘리의 죄가 용서받을 수 없다고 말씀하시지 않았다는 사실에 주목해야 합니다. 그분은 단지 희생과 제물로 자신의 죄를 보상하려는 엘리의 시도는 결코 성공하지 못할 것이라고 말씀하셨습니다.

마찬가지로 주님을 위한 열정이 자신의 삶의 다른 영역에서 자신의 죄나 실패 또는 무책임을 보상하기 위한 시도에 기초를 두고 있는 수없이 많은 남자와 여자들이 있습니다.

그러나 이 세상에 있는 모든 희생을 다 합할지라도 우리가 범한 가장 조그마한 실패조차도 결코 보상하지 못할 것입니다. 심지어 그런 시도를 하는 것 조차도 예수님의 십자가에 대한 모욕이며, 십자가만이 유일하게 죄를 위해 아버지께 받아들여지는 희생입니다.

우리 자신의 희생으로 하나님의 승인을 얻기 위한 시도는 종교의 영들에게 문을 넓게 열어 주게 됩니다. 왜냐하면 그런 예배는 예수님의 보혈에 기초해 있지 않고, 죄에 대해 우리 스스로 보상하려는 시도 위에 기초해 있기 때문입니다.

이것은 하나님을 기쁘시게 해드리기 위해 우리가 아무것도 하지 말아야 됨을 의미하는 것이 아닙니다. 여기서 의미하는 바는 우리의 동기가 항상 주님의 기쁨을 위해 그분을 즐겁게 해드리는 것이어야 하고 우리가 용납되기 위해 그렇게 해서는 안된다는 의미입니다.

하나는 하나님 중심적이며, 다른 하나는 자기 중심적입니다. 그리고 십자가를 회피하려는 시도는 가장 파괴적인 종류의 자기 중심성입니다.

또한 주목해야 할 것은 엘리의 아들들의 죄악들 가운데 하나는 그들이 "여호와의 제사를 멸시했다"(삼상 2:17)는 사실입니다. 그들은 주님께 가져온 희생들과 제물들을 그들 자신의 이기적 목적을 위해 착복했습니다.

이런 형태로 종교의 영에 속박된 사람들은 종종 가장 열렬하게 십자가를 전파할 것이지만, 이것은 십자가를 남용하는 것입니다. 왜냐하면 이것은 예수님의 십자가보다 그들 자신의 십자가를 더욱 강조하기 때문입니다.

그들은 그리스도의 십자가에서보다 자신들의 굴욕감에서 더 큰 기쁨을 누립니다. 그러나 오직 그리스도의 십자가만이 우리를 하나님 앞에 의롭게 하며 받아들여질 수 있게 해줍니다.

교만의 기초

종교의 영의 가장 기만적이고 파괴적인 위장들 가운데 하나는 바로 이상주의(idealism)입니다. 이상주의는 인본적인 원천으로부터 말미암으며 인본주의의 한 형태입니다. 그것이 비록 가장 지고한 모범과 하나님의 영광의 보존만을 추구하는 외양을 가지고 있을지라도, 이상주의는 어쩌면 진정한 계시와 참된 은혜에 대한 가장 치명적인 원수입니다. 그것이 치명적인 이유는 은혜와 지혜 안으로 성장하는 것을 허용하지 않고, 하나님의 영광을 추구하는 사람들의 기초를 공격하고 파괴하기 때문입니다.

이상주의는 하나님이 요구하시거나 그 시점을 위해

제1부 종교의 영을 식별함

우리에게 은혜를 주신 것을 넘어 그 이상의 다른 기준들을 우리에게 부과하려고 시도합니다. 예를 들어 이런 종류의 종교의 영에 조종당하는 사람들은 자신들처럼 하루에 두 시간을 기도하지 않는 사람들을 정죄할 수 있습니다. 우리가 그만큼 많이 기도하게 되는 것이 하나님의 뜻일 수도 있는 것은 사실입니다.

그러나 우리가 거기에 도달하기는 얼마나 어려운지요.

하나님의 은혜는 맨 처음에 우리로 하여금 하루에 10분만 기도하도록 부르실 것입니다. 그리고 우리가 그분의 임재로 인해 크게 축복받게 됨에 따라, 우리는 10분이 지난 후에도 기도를 마치길 원하지 않게 될 것이고, 우리는 그분과 함께 점점 더 많은 시간을 보내기를 원하게 될 것입니다. 그런 식으로 우리의 기도는 한 시간 그리고 두 시간으로 늘어나게 될 것입니다.

우리가 마침내 하루에 두 시간 기도하게 될 때, 우리는 두려움이나 교만 때문이 아니라 기도와 주님의 임재에 대한 사랑 때문에 그렇게 될 것입니다.

이상주의에 기초한 종교의 영을 가진 사람들은 대개 완전한 교회를 찾게 될 것이고, 뭔가 부족한 부분이 있는 것을 용납하지 않게될 것입니다. 성령에 의해 인도함을 받는 사람들도 역시 교회에 대한 높은 소망들을 가질 수 있습니다. 그러나 그들은 아직 비전과 성숙함 속에서 성장하는 그러한 사역들을 돕기 위하여 심지어 가장 낮은 사역들 가운데 어떤 것을 섬기는데 헌신할 수 있습니다.

"도우시는 분(the Helper)"으로 불리는 성령과 성령께 참으로 인도받는 사람들은 언제나 돕는 방법들을 찾을 것이고, 멀찌기 떨어져 방관하거나 비판하지 않을 것입니다.

종교의 영이 교만 위에 세워졌을 때, 완벽주의가 그 증거로 나타납니다. 완벽주의자는 모든 것을 "흑"과 "백"으로 나누어서 봅니다. 이러한 완벽주의자는 모든 사람들에 대해서나 모든 가르침들에 대해서 100퍼센트 옳은 것과 100퍼센트 잘못된 것으로 판단하려 하기 때문에 곧 극단으로 치닫게 됩니다. 그런 기준에 응하실 수 있는 분은 오직 예수님 뿐이실 것입니다. 우리가 그런 기준들을 우리 자신들이나 다른 사람들에게 부과할 때, 그 결과는 심각한 기만으로 이어지게 될 것입니다.

참된 은혜는 사람들을 자유케하는 진리를 나누어

주고, 사람들이 죄에서 벗어날 수 있는 길을 제시하거나 혹은 더 높은 영적인 성숙에 이를 수 있는 길을 제시해 줍니다.

종교의 영을 가진 자들은 일반적으로 매우 정확하게 문제들을 지적할 수 있습니다. 그러나 그들은 이미 지어져 있는 것을 허물어 무너뜨리는 것 외에 어떤 해결책을 거의 내놓지 못합니다. 이것이 바로 진보를 가로막고 실망을 가져오게 하여 장래의 영적진보를 제한해 버리는 원수의 전략입니다.

이것은 만일 우리가 산 정상에 곧장 올라가는 것이 불가능하다면 우리는 전혀 오르지 않을 것이지만 "자신에 대해 죽을 것"이라는 정신성을 낳게 됩니다. 이것은 하나님께서 요구하신 죽음이 아니고 우리로 하여금 날마다 우리의 십자가를 지라고 하는 훈계가 왜곡된 것입니다.

완벽주의자들은 질식시킬 듯한(stifle) 참된 성숙과 성장이라는 표준을 다른 사람들에게 부과하고 또한 스스로 그 표준을 따라 살려고 시도합니다. 하나님의 은혜는 우리를 산 정상까지 한 걸음 한 걸음 인도해 주십니다. 주님은 우리가 산에 오르려고 시도하는 동안 몇 번 헛디뎌 넘어진다는 이유로 우리를 정죄하시지 않습니다. 그분은 은혜 가운데 우리를 격려와 함께 세워 일으키시고 우리가 그것을 할 수 있도록 해 주십니다.

우리는 우리가 정상에 도달하는 것을 성취하는 비전을 가져야 하지만, 우리가 여전히 오르고 있는 한, 우리가 아직 그곳에 도달하지 못했다고 스스로 정죄해서는 안됩니다.

야고보는 "우리가 다 실수가 많은 자"라고 말했습니다(약 3:2).

만약 사역을 시작하기 전에 우리가 완벽해질 때까지 기다려야 한다면, 자격을 갖출 사람은 아무도 없을 것입니다.

비록 완전한 순종과 이해가 언제나 우리의 목표가 되어야 할지라도 그런 완전한 순종과 이해는 결코 우리 자신들 안에서는 발견되지 않을 것입니다. 우리가 완전하신 분 안에 완전히 거하게 될 때만 그것들을 발견할 수 있을 것입니다.

우리가 "이제는 거울로 보는 것같이 희미하게"(고전 13:12) 보고 있으며, 또는 부분적으로 보고 있기 때문에, 우리는 항상 우리의 믿음과 교훈들에 있어서 더 뛰어난 정확성에 대해 열려진 자세가 되어 있어야 합니다.

모든 것들 중에서 가장 심각하고 엄청난 기만들 가운데 하나는 우리는 이미 우리의 이해에 있어서 완전하며, 우리의 지각이나 행동들에 있어서 100퍼센트 정확하다고 생각하는 것입니다.

종교의 영을 가진 자들은 더 많은 지식에 마음을 열 것을 요구하지만, 그러나 대부분의 경우, 누구를 막론하고 그들이 가르치는 것에 대해 마음을 열도록 하기 위한 것이고, 반면에 그들 스스로는 다른 사람들에 대해 단호하게 마음을 닫은 채로 있습니다.

예수님께서 베드로를 보고 "사탄"이라고 부르면서 그를 꾸짖기 바로 전에 (마태 16:23) 그를 축복하시고 그에게 왕국의 열쇠를 건네 주셨습니다. 이 놀라운 축복 바로 뒤에 원수는 베드로를 속였습니다. 그러나 주님은 베드로에게서 그 열쇠를 다시 빼앗지 않으셨습니다! 사실 예수님은 그 열쇠를 베드로에게 주셨을 때, 베드로가 곧 자신을 모른다고 부인할 것을 이미 알고 계셨습니다.

여러 해가 지난 후 베드로는 유대인들과 이방인들

모두를 위해 믿음의 문을 열 목적으로 열쇠를 사용했는데, "사도 중에 지극히 작은 자"(고전 15:9)로 자신을 표현했던 바울은 베드로의 위선 때문에 그를 공개적으로 책망해야 했습니다(갈 2:11~14). 그럼에도 불구하고 베드로는 이스라엘의 열두 지파를 심판하게 될 열두 보좌들 중 한 자리에 앉게될 것이라는 약속을 받았습니다(마태 19:28).

주님께서 우리를 부르셨을 때, 그분은 이미 우리가 앞으로 저지르게 될 모든 실수들을 다 알고 계십니다.

주님의 지도자적인 스타일은 주님을 따르는 자들에게 그들이 실수할 수 있는 장소를 제공해 주시고 그것으로부터 그들을 배우도록 하는 것이었습니다. 우리가 만일 우리 자녀들이 아직도 여전히 어린 아이들인데 그들에게 완벽하게 성숙할 것을 요구한다면 그것은 그들의 성장과 성숙을 질식시켜 버리게 될 것입니다. 교회 안에서도 동일한 원칙이 적용됩니다. 우리는 실수를 교정해 주어야 합니다. 왜냐하면 그런 식으로 우리는 배우기 때문입니다. 그러나 그것은 격려하고 자유케 하는 교정이 되어야 하고, 정죄하거나, 시작부터 짓밟고 뭉개버리는 교정이 되어서는 안 됩니다.

치명적인 결합

 종교의 영이 가장 강력하고 기만적인 형태들 가운데 하나는 두려움과 교만이라는 두 가지가 결합된 토대 위에 세워진 것입니다. 두려움과 교만이 결합된 형태로 종교의 영에 속박되어 있는 사람들은 자신들의 실패에 대해 깊은 고뇌와 자책의 기간을 통과하게 됩니다. 그러나 이러한 거짓된 회개는 오직 자기 비하를 한층 더 심화시키는 결과를 초래하게 되고 또한 주님을 달래기 위한 시도들로서 더 많은 희생을 만들어 냅니다. 그래서 종교의 영에 속박되어 있는 사람들은 종종 다른 극단으로 옮기는데, 거기서 자신들은 다른 그리스도인들이나 다른 단체들보다 우월하다고 확신하게 되고 그래서 그들은 다른 사람이나 단체들로부터 어떤 가르침이나 질책도 받을 수 없다고 또한 확신하게 됩니다.

그들이 서 있는 기초는 언제든지 진정한 회개에 의해서라기보다 외적인 압력에 의해 더 많이 지시받게 될 것입니다.

이런 종교의 영은 워낙 교활하기 때문에 그것을 직면하려는 거의 모든 시도들로부터 빠져 나갈 것입니다. 만일 당신이 교만을 직면하여 대적하려 하면 동정을 구하기 위해 두려움과 불안정함이 일어설 것입니다.

만일 당신이 두려움을 직면하려고 하면, 그때 그것은 믿음처럼 가장한 종교적 교만으로 바뀔 것입니다. 이런 유형의 영은 개인들이나 회중들을 매우 극단적으로 몰아가기 때문에, 이런 영에 사로잡힌 개인이나 회중들은 필연적으로 붕괴하게 됩니다.

위조된 분별의 은사

종교의 영은 대개 위조된 영분별의 은사를 만들어 냅니다.

이 위조된 은사는 하나님께서 무엇을 행하시며 우리가 그들을 도울 수 있는 것이 무엇인지를 보는 것보다 다른 사람들의 잘못된 것만 보는데 열심입니다.

이것이 바로 종교의 영이 어떻게 교회에 대한 가장 심각한 손상들 가운데 어떤 것들을 행하는가 하는 것입니다.

위조된 영분별 은사의 사역은 거의 언제나 치유와 화해보다 더 많은 손상과 분열을 남길 것입니다. 위조된 영분별 은사의 지혜는 선과 악의 지식나무에 뿌리를 내리고 있습니다. 비록 그 사실이 정확할 지라도, 이것은 죽이는 영 안에서 사역이 이루어집니다.

　이 위조된 분별의 은사는 의심과 두려움에 의해 움직여집니다. 거부와 영토 보존의 욕구, 또는 일반적 불안 심리같은 것들 안에 의심이 뿌리내립니다.
　진정한 분별의 은사는 오직 사랑을 통하여 기능을 수행합니다. 사랑을 제외한 어떤 동기라도 영적인 식별 능력을 왜곡할 것입니다. 누군가가 다른 사람이나 다른 단체에 대해 판단이나 비판을 할 때마다, 우리는 그가 진정으로 그 다른 사람이나 다른 단체를 사랑하며 그들을 섬기기 위해 투자했던 사람임을 알지 못한다면, 우리는 그 사람의 판단이나 비판을 무시해야 합니다.

광명의 천사들

바울이 고린도 사람들에게 종교적인 영에 사로잡혀 사역하는 사람들에 관해 경고했을 때, 그들은 생긴지 얼마 안된 교회(young church)에 율법주의의 멍에를 가지고 들어오려고 노력했습니다. 바울은 그것을 이렇게 설명했습니다.

"저런 사람들은 거짓 사도요 궤휼의 역군이니 자기를 그리스도의 사도로 가장하는 자들이니라.
이것이 이상한 일이 아니라 사단도 자기를 광명의 천사로 가장하나니 그러므로 사단의 일군들도 자기를 의의 일군으로 가장하는 것이 또한 큰 일이 아니라"(11:13~15).

이 "광명의 천사"로 표현된 구절은 "진리의 사자(messenger of truth)"로 번역될 수 있습니다. 사단의 가장 기만적이고 치명적인 변장은 파괴를 목적으로 진리들을 사용하면서 의의 종으로서 나아오는 것입니다. 그는 성경을 인용하고 지혜를 사용하는데 아주 능수능란합니다.

그러나 그것은 죽이는 지혜 즉, 지식나무에서 나오는 지혜입니다.

그는 누군가 다른 사람에게 잘못이 있는 것을 정확히 지적할 수 있습니다.

그러나 그는 자유케 됨과 생명을 가져오는 해결책을 제시해 주지 않으면서 항상 허물어 무너뜨리는 식으로 지적합니다.

종교의 영으로부터 능력을 부여받은 "광명의 천사"는 옳은 것을 찾기보다는 누군가의 잘못된 점을 먼저 찾을 것입니다.

이 종교의 영은 대개 양무리를 보호하는 변장된 모습 그리고 진리 또는 주님의 영광을 위장한 모습으로 나아오지만, 언제나 종국에는 분열과 파멸을 일으키는 악하고 비판적인 영입니다.

비판은 지혜의 외양을 제공해 줍니다. 그렇지만 비판의 가장 비열한 형태들 가운데 하나가 교만입니다.

우리가 누군가를 비판할 때, 우리는 그들보다 더 우월하다고 선언하는 입장에 있는 것입니다. 우리는 어떤 영역에서 다른 사람들보다 더 뛰어날 수 있습니다. 그러나 우리가 만약 더 뛰어나다면, 그것은 오직 은혜 때문입니다. 하나님의 참된 은혜를 인정하는 신자들은 결코 다른 사람들을 끌어내리는 식으로 바라보지 않습니다. 오히려 그들을 세워주기 위해 방법을 찾습니다.

오래된 격언에서 말하고 있듯이 "숫나귀는 헛간을 발로 차서 허물어 버릴 수 있지만, 그것을 짓는데는 숙련된 목수가 있어야 한다."

종교의 영과 살인자

아담과 이브가 선과 악의 지식나무에 의해 살기로 선택했을 때 그들은 종교의 영과 함께 하고 있었습니다. 이것의 첫 번째 결과는 자기 중심성이었습니다. 그들은 자신들을 바라보기 시작했습니다. 이 선악과를 따먹은 후 그들에게서 태어난 첫 번째 아이는 가인이었습니다.

가인은 종교의 영에 지배받은 사람에 대한 모형으로서 맨 처음 성경에 등장하는 인물입니다.

가인은 "농사하는 자(땅을 경작하는 자)"(창 4:2)였으며, 또는 땅에 속한 마음을 가진 자였습니다.

종교의 영은 언제나 우리로 하여금 하늘의 영역에

초점을 맞추기보다는 땅의 영역에 초점을 맞추도록 시도할 것입니다.

이 "가인의 씨"는 보이는 것으로 판단하고, "보이지 아니하는 자를 보는 것 같이 하여 참았던"(히 11:27) 사람들을 이해할 수 없습니다.

계시록 13장 11절에서 우리는 "땅에서 올라오는" 두 번째 짐승을 봅니다. 이것은 가인의 영적인 씨앗이 땅을 경작하는 사람들이기 때문입니다.

이러한 땅을 향하는 마음가짐(earthly-mindedness)은 언젠가는 세상이 알게될 가장 악한 짐승들 가운데 하나를 낳았습니다.

가인은 또한 자기 자신의 노동의 산물로서 주님께 제물을 드리려고 시도했습니다. 하나님은 그 희생을 열납하시지 않았습니다. 그러나 아벨이 드린 피의 희생을 열납하셨습니다. 우리 노력의 열매는 결코 주님께 열납되는 제물이 될 수는 없습니다.

이것은 하나님께서 오직 어린 양의 피만을 열납하시겠다고 하신 처음부터의 말씀이었습니다.

가인은 이 교정과 회개를 받아들이는 대신에 자기 동생에게 질투심을 가지게 되었고 결국 그를 죽였습니다. 자신의 노력으로 살아가려고 시도하는 사람들은 종종 어린 양의 의로움 위에 자신들의 위치를 삼고 있는 사람들에게 격분하게 됩니다.

그것이 바로 바리새인 중의 바리새인이었던 다소 출신의 사울이 그리스도인들에게 그렇게도 분노했던 이유입니다.

그리스도인들은 바리새인들이 구축해 놓은 전반적인 삶에 엄청난 위협으로 다가왔던 것입니다.

이런 이유로 바리새인들은 그리스도인들이 존재한다는 사실을 견딜 수 없었던 것입니다.

행위에 기초한 종교들은 쉽게 폭력적이 됩니다. 이 사실은 행위의 교리가 그리스도의 십자가를 대치해 버린 "그리스도인" 종파들도 포함하고 있습니다.

만일 누군가가 자기 형제를 미워하면 그 사람은 살인죄에 해당한다(마태 5:21~22)고 주님께서 말씀하셨습니다.

종교의 영에 의해 부추김을 받는 자들은 육체적으로 사람들의 삶을 탈취하기보다는 당연히 다른 수단들을 사용하여 사람들을 파멸시키고자 합니다.

교회들과 사역들에 대해 선동을 부추기는 중상적인

맹공격의 많은 것들이 가인으로 하여금 자신의 형제를 죽이게 했던 동일한 종교의 영이 분노한 것에 기인합니다.

진정한 사자(messenger)에 대한 시험

에스겔 37장에서 선지자는 마른 뼈들이 가득한 계곡으로 옮겨진 후, 그 뼈들이 살 수 있겠느냐고 하는 질문을 받았습니다.

그리고 주님은 "그 뼈들에게 예언할 것"을 그에게 명했습니다. 그가 예언을 했을 때, 그들은 합쳐지고 생명이 돌아왔으며 그리고 큰 군대가 되었습니다.

이것은 모든 진정한 사역이 통과해야 하는 중요한 시험입니다. 진정한 선지자는 가장 극심하게 말라버린 뼈들 가운데서조차 큰 군대를 볼 수 있습니다. 그는 뼈들이 살아나서 마침내 군대가 될 때까지 그 뼈들을 향해 예언할 것입니다. 종교의 영을 가진 거짓 선지자는 그 뼈들이 얼마나 말랐는 지에 대해서만 말하고, 그들에게 낙심과 정죄감만 더해 주지만, 그들의 상황을 극복할 수 있는 생명과 권능을 불어넣어 주지는 않을 것입니다.

사도들과 선지자들에게는 세울 수 있는 권위와 무너뜨릴 수 있는 권위가 주어져 있습니다. 그러나 만약 우리가 먼저 세우지 않았다면 무너뜨릴 수 있는 권리가 우리에게는 없습니다. 우리는 어떤 사람이 과거에 사람들에게 영적 영양분을 공급해 주고 사람들을 세워준 역사를 가지고 있지 않다면, 그가 누구이든지 우리의 돌봄 아래 있는 사람들을 교정해 줄 권위를 그에게 주어서는 안됩니다.

어떤 사람들은 그렇게 하는 것이 전체적인 선지자들의 사역을 위축시키게 될 것이라고 말할지도 모르겠습니다.

그러나 사람들을 세우고자 하는 마음을 가지고 있지 않는 "선지자들"이라고 불리우는 사람들은 사역으로부터 제거되어져야 한다는 것을 말씀드립니다.

유다가 그런 사람들에 대해 말했던 것처럼 "그 사람들은 원망하는 자들이요, 남의 흠을 잡는 자들이며, 애찬의 암초들"(유다 11~16)입니다.

비록 그럴지라도 엘리의 비극적인 예에서 우리가 볼 수 있듯이 양들을 먹이고 돌보기는 하지만, 양들을 교정하는데 실패한 목자들에게는 화가 있을 것입니다. 진정한 하나님의 은혜는 의롭지 않게 남의 흠을 잡는 극단들과 거룩하지 못한 자비(하나님이 정죄하시는 것도 묵인해 주는) 사이에서 발견되어 집니다.

두 극단 모두 종교의 영으로부터 말미암은 결과일 수 있습니다.

제 2 부

종교의 영이 사용하는 가면들

이세벨의 영

이세벨의 영은 종교의 영의 한 형태입니다.

자기 아내에게 국가의 정책을 쥐락펴락할 수 있는 권한을 주었던 이스라엘의 유약한 지도자인 아합왕의 아내로서 야심적이고 기만적이었던 여인이 바로 이세벨입니다. 이세벨의 영은 대개 약한 지도력을 몰아내는 데서 발견되어집니다.

이세벨 영은 대개 정치적 동맹을 만듦으로 자신의 지배력을 얻으며, 그리고 종종 교묘하게 조종하기 위해서 겸손하고 남의 말을 잘 듣는 성품의 사람을 기만적으로 이용합니다. 그러나 이 영이 한 번 권세를 잡으면 대개 강력한 통제의 영과 파렴치할 정도의 주제넘음을 드러내게 됩니다.

이세벨이란 이름에도 불구하고, 이 영과 관련된 문제는 여성들에게만 국한되지 않습니다.

이세벨은 "자칭 선지자라 하는 여자"(계시록 2:20)입니다.

이것은 종종 종교적인 영이 역사하는 거짓 선지자들에 대한 경고들 가운데 하나인데, 그들은 그들 자신의 승인으로 이미 점유되어 있습니다.

자기 추구(self-seeking)와 인정받는 것에 대한 지나친 열망이 우리 안에 있다면, 우리의 사역은 타락하게 될 것입니다. 중요한 직함이나 지위를 부여받지 못했기 때문에 쉽게 화내는 사람들은 그 직함이나 주어진 직위로 인해서 받아들여져서는 결코 안됩니다.

인정받고자 하는 열망으로 인해 동기가 부여되는 사람들과 하나님을 사랑하기 때문에 동기가 부여되는 사람들 사이의 다른 점은 거짓 선지자와 진정한 선지자의 차이점입니다.

주님께서 친히 선포하셨습니다.

"스스로 말하는 자는 자기 영광만 구하되 보내신 이의 영광을 구하는 자는 참되니 그 속에 불의가 없느니라"(요한복음 7:18).

자기 자신에 대해 인정받기를 요구하면서, 이세벨

은 진정한 예언 사역의 원수로서 역사합니다.

이세벨은 구약시대의 가장 강력한 선지자들 가운데 한 사람이었고, 특별히 주님의 길을 예비하는 사역의 전형이었던 엘리야의 가장 큰 원수였습니다. 또한 이세벨의 영은 종교의 영의 형태들 가운데 가장 강력한 것 중 하나이며, 교회와 세계가 주님의 다시 오심을 위해 예비되는 것을 막으려고 시도합니다.

이세벨의 영은 특별히 예언 사역을 공격하는데, 왜냐하면 그 사역이 주님의 길을 예비하는데 매우 중요한 위치를 차지하고 있기 때문입니다. 이것이 바로 세례 요한이 헤롯의 아내 헤로디아 안에서 체현된 이세벨에 의해 핍박받았던 이유입니다. 예언적 사역은 주님께서 자기 백성들에게 시기적절하고도 전략적인 지시를 내리시는 동안 줄곧 중요한 전달 수단입니다.

이세벨은 진정한 예언자들을 제거해 버리면 사람들이 자신의 거짓 예언에 쉽게 취약해진다는 사실을 알고 있습니다. 그리고 거짓 예언은 언제나 우상숭배와 영적 간음으로 사람들을 몰아 갑니다.

주님의 참된 음성듣기를 회피하게 될 때, 사람들은 훨씬 더 원수의 속임수에 기만당하기 쉬워지게 됩니다. 그러므로 이것이 바로 예수님께서 이 세상에 계셨을 때, 종교 지도자들을 보고 "소경된 인도자"(마태 23:16)라고 불렀던 이유입니다. 그들은 이 세상에서 다른 어떤 사람들보다도 메시야에 대한 예언들을 잘 알고 있습니다. 그러나 그들은 그 예언들을 완벽하게 충족시킨 분의 얼굴을 바라보고도 그분이 바알세불로부터 왔다고 생각했던 것입니다.

이세벨의 바알 선지자들도 역시 희생을 드렸습니다.

자기들의 신이 출현하기를 구하는 동안 심지어 자신들 스스로를 베어 상처나게도 했습니다.

종교의 영의 주요한 전략은 날마다 자기의 십자가를 지라는 명령을 왜곡시키는 방식으로 교회가 "희생"에 전념하도록 만드는 것입니다. 이러한 왜곡은 우리가 주님의 희생보다 우리 자신의 희생에 더 큰 믿음을 두도록 만들게 되며, 또한 하나님께서 자신을 드러내시도록 조르기 위한 방편으로서 희생과 제물들이 사용될 것입니다.

이것은 어떻게 해서든지 우리의 선한 행위들로 하나님의 은혜와 임재를 살 수 있다고 하는 무서운 기만의 한 형태입니다.

자기 의의 뿌리

우리는 칭의, 정결케 함, 영적인 성숙, 또는 주님께서 자신을 드러내시도록 하기 위해 우리 자신을 십자가에 못박는 것은 아닙니다. 이것은 단지 요술입니다. 우리는 "그리스도와 함께 십자가에 못박혔습니다"(갈 2:20). 만일 우리가 자신을 못박는다면, 그것은 결과적으로 "자기 의(self-righteousness)에 불과하게 되는데, 그것은 가장 기본적인 형태의 교만입니다. 이 교만은 매우 기만적인데, 왜냐하면 그것이 지혜와 의로움의 외적인 모습을 보여주기 때문입니다. 이것에 대해 사도 바울은 다음과 같이 경고했습니다.

"누구든지 일부러 겸손함과 천사 숭배함을 인하여

너희 상을 빼앗지 못하게 하라 저가 그 본 것을 의지하여 그 육체의 마음을 좇아 헛되이 과장하고, 머리를 붙들지 아니하는 지라, 온 몸이 머리로 말미암아, 마디와 힘줄로 공급함을 얻고 연합하여 하나님이 자라게 하심으로 자라느니라. 너희가 세상의 초등학문에서 그리스도와 함께 죽었거든 어찌하여 세상에 사는 것과 같이 의문에 순종하느냐 곧 붙잡지도 말고 맛보지도 말고 만지지도 말라 하는 것이니(이 모든 것은 쓰는대로 부패에 돌아가리라) 사람의 명과 가르침을 좇느냐. 이런 것들은 자의적 숭배와 겸손과 몸을 괴롭게 하는데 지혜있는 모양이나 오직 육체 좇는 것을 금하는데는 유익이 조금도 없느니라(골로새서 2:18~23).

종교의 영은, 우리의 영적인 상태가 자기 중심적이고 자기 추구로 향해있는 그것에 대해 우리가 매우 좋게 느끼도록 할 것입니다.

교만에는 매우 좋은 느낌이 있습니다. 그것은 심지어 매우 기분을 들뜨게 할 수도 있습니다.

그러나 우리의 모든 관심은 우리가 얼마나 잘하고 있으며, 우리가 다른 사람들과 어떻게 비교되는가 하는 것에만 모아져 있고, 하나님의 영광에 맞추어져 있지 않습니다.

 이것은 주님과 주님의 희생에 우리의 신뢰를 두기보다 훈련과 개인적 희생에 우리의 신뢰를 두게 되는 결과를 초래합니다.

 물론 훈련과 자기 희생의 헌신은 모든 믿는 자들이 가져야 할 필수적인 자질입니다. 그러나 우리가 종교의 영에 의해 기만되고 있는지, 아니면 성령의 인도하심을 받고 있는지를 결정하는 것은 그들의 배후에 있는 동기에 의해서입니다. 종교의 영들은 두려움이나 죄책감을 통하여, 또는 교만과 야심을 통하여 동기를 부여합니다. 성령님의 동기는 하나님의 아들을 향한 사랑입니다.

 자기 비하(self-abasement)에서 기뻐하는 것은 종교의 영에 사로잡혀 있다는 분명한 징후입니다. 그렇지만 이것은 우리가 자기 훈련이나 금식, 또는 바울이 언급했듯이 우리 몸을 쳐서 복종시키는 일을 게을리 해도 된다는 의미는 아닙니다. 그러나 하나님의 아들 안에서 기쁨을 누리는 것이 아니라, 이런 것들 안에서 왜곡된 기쁨을 취하게 될 때, 비로소 문제가 야기되는 것입니다.

거짓 계시

골로새서 2장 18~19절은 종교의 영에 사로잡혀 있는 사람은 자기 비하를 기뻐하는 경향이 있고 또한 천사 숭배와 자기가 본 환상에 대해 부적절한 태도를 취하는 일에 빠지게 될 것을 지적해 줍니다.

종교의 영은 우리가 예수님이 아닌, 다른 것 또는 다른 사람을 숭배하길 원합니다. 천사 숭배에 빠지게 하도록 하는 바로 그 영이 또한 인간을 지나치게 높이는 경향을 띠게 될 것입니다.

우리는 천사들이나 하나님의 남녀 종들을 지나치게 높이는 사람들이나, 또는 교회 안에서 부적절한 영향력을 얻기 위하여, 자신이 받은 환상을 이용하는 사람들을 주의해야 합니다.

하나님께서는 사람들이 우리를 더 존경하게 하거나, 우리의 사역을 증명하기 위해서 우리에게 계시를 주시지는 않습니다. 계시의 진정한 열매는 교만이 아니라, 겸손입니다.

물론 그리스도인들은 이러한 예언적 경험들을 가질 수 있습니다. 이러한 예언적 경험은 증가하게 될 것이다라고 성경은 가르치고 있으며, 이러한 예언적 경험들은 마지막 때에 증가하게 될 것을 사도행전 2장 17절에서 역시 언급되어 있습니다.

예수님은 또한 많은 거짓 선지자들이 마지막 때에 출현할 것에 대해서도 경고하셨습니다(마태 24:11).

참으로 하나님으로부터 오는 예언적 계시는 그리스도의 몸에 결정적으로 중요합니다. 원수는 이 사실을 매우 잘 알고 있으며, 또한 이것이 바로 그가 많은 거짓 선지자들을 일으키려고 하는 이유이기도 합니다. 그러나 그들은 쉽게 분별이 됩니다.

바울이 골로새 교인들에게 경고했듯이, 그런 위험은 예언적 계시를 가지고 있는 자들로부터 오지 않고, 예언적 계시들에 의해 부풀려진 사람들로부터 오게 됩니다.

종교의 영은 항상 우리의 두려움과 교만을 키울 것이지만, 진정한 영적 성숙은 우리의 겸손을 더욱 증가시킬 것입니다.

이러한 겸손의 과정이 바울 사도의 삶에서 놀랍게 나타나고 있습니다.

주후 56년에 기록된 것으로 추정되는 갈라디아 사람들에게 보낸 편지에서, 그는 예루살렘에 있는 원래의 사도들을 방문했을 때, 그들이 "내게 더하여 준 것이 없고"(갈 2:6)라고 선언했습니다. 바울은 이 말로, 그들이 가지고 있는 만큼 자신도 가지고 있음을 선언하고 있는 것입니다.

그로부터 6년 정도 지난 후에 기록된 고린도전서에서 바울은 자신을 "사도 중에 지극히 작은 자"(고전 15:9)라고 불렀습니다.

주후 61년 경에 기록된 에베소서에서 그는 자신을 보고 "모든 성도 중에 지극히 작은 자보다 더 작은 나"(엡 3:8)라고 불렀습니다.

그리고나서, 대략 주후 65년 경에 디모데에게 편지를 쓸 때, 바울은 "죄인 중에 내가 괴수"(딤후 1:15)라고 자신을 부르면서, 하나님이 자기에게 자비를 베

푸셨다고 덧붙이고 있습니다.

하나님의 자비에 대한 참된 계시는 종교의 영을 무력케 하는 강력한 해독제입니다.

위대한 사도였던 바울도 자신의 초기 사역 몇 년 동안은 교만으로부터 완전히 자유케 되지 못했음이 이것으로 분명해집니다.

우리들 가운데 어느 누가 이 두 가지로부터 자유케 되었다고 선언할 수 있겠습니까? 그러나 우리는 모두 은혜 안에서 희망적으로 성장하고 있으며, 그 결과 우리는 겸손케 될 것입니다.

젊은 사도들은 많은 교만을 스며나오게 할 수도 있습니다. 그러나 그들은 여전히 진정한 사도일 수 있습니다. 여기에서 중요한 열쇠는 우리가 나아가고 있는 방향성에 있습니다.

우리는 우리가 받은 계시, 우리의 위임 또는 우리의 성취들로 인해 부풀어 올라 있습니까?

그렇지 않으면 우리는 은혜와 겸손 가운데 성장해 가고 있습니까?

순교자 증후군

종교의 영에 매일 때, 순교자 증후군은 궁극적이고 가장 치명적인 기만들 가운데 한 가지입니다. 믿음을 위해 참된 순교자가 되며, 그리스도를 위해 참으로 자기의 생명을 잃는 것은 우리가 생애 가운데서 얻을 수 있는 가장 위대한 영예들 중 하나입니다. 그러나 이것이 왜곡되었을 때, 그것은 기만의 가장 비극적 형태가 됩니다.

종교의 영이 순교자 증후군과 결합될 때, 그 사람이 자신의 복음을 위해 고통받고 있다는 그 기만으로부터 해방받게 되는 것은 거의 불가능합니다.

이 상황에 처해지게 되면, 다른 사람들로부터 받게 되는 어떤 거절이나 교정은 "진리를 위해 견뎌야 하는" 자신이 치뤄야 하는 대가로서 인식되어집니다.

 이런 잘못된 관점은 그 사람으로 하여금 진리와 어떤 교정의 가능성으로부터 더욱 멀어지게 할 것입니다.

 순교자 증후군은 또한 자살의 영이 드러난 한 형태일 수도 있습니다. 때로는 주님을 위해 사는 것보다 주님을 위해 죽는 것이 더 쉬울 때가 있습니다. 십자가에 대해 왜곡된 이해를 가지고 있는 사람들은, 생명 안에서보다 사망 가운데서 더욱 기뻐합니다. 그들은 십자가의 요점이 무덤이 아닌, 부활이라는 사실을 보는데 실패하고 있습니다.

스스로 돕는(Self-Help) 심리학

교회 내에서 십자가의 권능을 대치시키려고 시도하고 있는 "스스로 돕는 심리학(self-help psychology)" 운동이 있습니다. 고린도후서 11장 4절에 언급된 "다른 복음"은 인본적으로 심리학에 기초해 있습니다.

그것은 십자가의 원수이며, 또한 종교의 영의 다른 형태입니다.

바울은 우리에게 이렇게 경고했습니다.

"그러므로 너희가 그리스도 예수를 주로 받았으니 그 안에서 행하되, 그 안에 뿌리를 박으며 세움을 입어 교훈을 받은대로 믿음에 굳게 서서 감사함을 넘치게 하라 누가 철학과 헛된 속임수로 너희를 노략할까 주의하라 이것이 사람의 유전과 세상의 초등학문을 좇음이요 그리스도를 좇음이 아니니라"(골로새서 2:6~8).

우리 모두는 어느 정도 "내적 치유"를 필요로 합니다. 그러나 내적 치유라고 일컬어지는 것들 가운데 많은 경우는 단지 옛 사람을 떠올려서 그를 치유받도록 시도하는 노력에 지나지 않습니다.

이러한 깊은 상처들에 대한 해답은 어떤 과정이나 공식이 아니고, 단지 용서하는 것입니다.

우리가 십자가로 나아가 용서를 발견하고 예수 그리스도의 보혈에 근거한 진정한 받아들여짐을 발견하게 될 때, 우리는 우리의 모든 두려움을 쫓아내고, 그리고 모든 비통함과 분노를 씻어버릴 수 있는 완전한 사랑을 발견하게 될 것입니다.

이것은 너무나 단순해 보입니다. 그러나 이것이 바로 바울이 다음처럼 말했던 이유입니다.

"뱀이 그 간계로 이와를 미혹케 한 것 같이 너희 마음이 그리스도를 향한 진실함과 깨끗함에서 떠나 부패할까 두려워하노라"(고후 11:3).

구원은 단순합니다. 해방도 단순합니다. 그러나 원수의 주된 전략은 우리가 그것에 무엇인가를 더하게 함으로서 복음의 능력을 희석시키는데 있습니다. 그리고 그것이 바로 하와를 속였던 방법입니다.

만일 그것이 아무튼 화려하거나 추상적이지 않으면 받아들여질 것으로 생각하지 않기 때문에 우리는 그것에 뭔가를 더하게 되는 것입니다.

그것이 바로 우리가 하나님 나라에 들어가기 위해서는 어린 아이들처럼 되어야 하는 정확한 이유입니다.

주님께서는 선과 악의 지식나무의 열매는 따서 먹지 말 것을 남자와 여자에게 명령했는데, 그렇게 하면 그들이 죽게될 것이기 때문이었습니다. 뱀이 이 명령에 대해 물었을 때, 하와는 그 나무의 열매를 먹거나 "만지지도" 못한다고 대답했습니다(창 3:3).

그러나 주님께서는 그 나무를 만지는 것을 금하는 것에 관해서는 아무런 말씀도 하신 적이 없습니다. 하나님의 명령에 덧붙이는 것은, 하나님의 명령에서 무엇을 빼는 것만큼, 동일하게 파괴적입니다.

자기가 하나님의 말씀에 경솔하게 무엇인가를 덧붙일 수 있다고 생각하는 사람은 시험이 밀려올 때, 하나님의 말씀을 지킬 정도로 충분히 그것을 존경하지 않습니다. 만일 사단이 우리로 하여금 하나님의 말씀으로부터 무언가를 더하거나 빼버리게 할 수 있다면, 그때 그는 하와에게 그랬던 것처럼, 우리의 타락도 멀지 않다는 것을 압니다.

지혜로워 보이는 "기독교적인" 철학들과 치료법들이 많이 있지만, 대부분은 사실 우리의 삶에서 성령을 대체하기 위한 시도들입니다.

어떤 사람들은 카운셀링을 필요로 합니다. 또한 사람들을 십자가로 인도하는 뛰어난 그리스도인 상담자들이 있습니다. 그러나 또 다른 사람들은 자기 중심성이라는 블랙홀로 사람들을 잘못 인도하고 있습니다. 그 블랙홀은 그들을 먹어 치울 것이며, 그들 주변에 있는 모든 사람들마저도 집어 삼키려고 시도할 것입니다. 기독교적인 용어들을 사용하고 있음에도 불구하고, 이 철학은 그리스도의 십자가 원수입니다.

제 3 부

요 약

제3부 요약

종교의 영에 대한 경고 신호들

다음은 종교의 영에 대해 보다 분명한 경고 신호들의 목록입니다. 앞에서 말씀드렸듯이 거의 모든 사람들은 최소한 어느 수준에서 이 종교의 영과 싸우고 있습니다. 그리고 각 사람의 싸움은 다소 다릅니다.

어떤 사람은 아래 기록된 모든 주제들을 조금 정도는 다루게 될지 모르겠습니다. 그럼에도 불구하고, 이러한 문제들 대부분으로부터 자유한 사람보다 종교의 영의 멍에로부터 더욱 자유케 될 것입니다.

우리의 목표는 성령님께 완전히 굴복됨으로서 종교의 영으로부터 말미암는 어떤 영향으로부터도 완전히 자유를 얻는 것이 되어야 합니다.

이러한 주님께 대한 완전한 복종없이는 종교의 영

으로부터 자유케 되는 방법이 없습니다.

종교의 영에 속박되어 있는 사람

1. **자기가 잘못이라고 믿고 있는 것은 무엇이든 허물어뜨리는 것을 자신들의 주요한 사역으로 봄** - 이런 사람의 사역은 결과적으로 하나님 나라를 위해 열매를 맺는 지속적인 사역들보다는 오히려 분열과 파괴를 가져오게 됩니다.

2. **특히 자신보다 덜 영적이라고 판단하는 사람들로부터 어떤 질책을 받아들이지 못함** - 당신을 교정해주려고 누군가가 시도했던 지난 최근의 몇 차례 동안 당신이 어떻게 반응했는 지에 관해서 생각해 보십시오.

3. **"하나님께만 귀를 기울이고 사람들로부터 듣지 않겠다"고 하는 철학을 가지는 것** - 하나님께서 자주 사람들을 통하여 말씀하시기 때문에, 이것은 명백한 착각이고, 심각한 영적인 교만을 드러내주고 있습니다.

제3부 요 약

4. **다른 사람이나 다른 교회의 옳은 것보다, 잘못된 것을 더 많이 보려고 하는 버릇이 있는 것** - 계곡에서 요한은 바벨론을 보았지만, 그가 높은 산으로 옮기워졌을 때, 그는 새 예루살렘을 보았습니다(계시록 21:10).
우리가 오직 바벨론만 보고 있다면 그것은 우리가 보는 시각의 균형이 맞지 않기 때문입니다. 진정한 비전의 위치에 있는 사람들은 그들의 주의를 사람이 행하는 것에 맞추는 것이 아니라, 하나님께서 행하시는 일에 맞추게 될 것입니다.

5. **주님의 표준에 결코 도달할 수 없다는 죄의식에 압도당하여 지배받는 것** - 이것은 종교의 영의 뿌리입니다. 이것은 우리로 하여금 그분과 우리의 교제의 근거를 십자가에 두려고 하기 보다, 우리의 행함(performance)에 두려고 하기 때문입니다. 예수님은 이미 우리를 위해 모든 조건을 충족해 주셨습니다. 그분이 바로 아버지 하나님께서 우리 안에서 성취하시려고 찾으시는 완성된 사역입니다. 삶에서 우리의 전체적인 목표는 단순히 그분 안에 거하는 것이 되어야 합니다.

6. **자신의 영적 생활에 점수를 매기는 것** - 이것은 우리가 더 많은 집회에 참석하고, 더 많이 성경을 읽고, 주님을 위해 더 많은 일을 하기 때문에 우리 자신에 관해 느끼게 되는 더 나은 듯한 느낌을 포함합니다.

   이런 모든 것들은 고귀한 노력들입니다. 그러나 영적인 성숙의 진정한 잣대는 주님께 점점 더 가까이 나아가는 것입니다.

7. **자기들이 모든 사람들을 교정해 주도록 지시받았다고 믿는 것** - 이런 사람들은 하나님 나라에서 스스로 임명받은(self-appointed) 파수꾼, 또는 보안관(sheriff)이 됩니다.

   그들은 무엇을 세우는데는 거의 참여하지 않고, 만일 그들이 심각한 분열을 야기시키지 않는다면, 교회를 계속하여 동요와 선동의 상태에 있게 합니다.

8. **다른 사람의 약함 또는 실패에 대해 관대하지 못하거나, 거드름을 피우며, 군림하는 보스 스타일의 지도력을 가지는 것** - 야고보는 다음과 같이 말했습니다. "오직 위로부터 난 지혜는

첫째 성결하고, 다음에 화평하고 관용하고 양순하며, 긍휼과 선한 열매가 가득하고 편벽과 거짓이 없나니 화평케하는 자들은 화평으로 심어 의의 열매를 거두느니라(야고보서 3:17~18).

9. **자기들이 다른 사람보다 하나님께 더 가깝다는 느낌을 갖거나, 자신들의 삶 또는 사역이 하나님을 더 기쁘시게 하고 있다는 느낌을 가지는 것** – 예수님을 통하여서라기보다 자기들의 어떠함 때문에 하나님께 더 가까이 갈 수 있다고 하는 심각한 기만의 징후입니다.

10. **특히 자신이 다른 사람과 비교될 때, 영적 성숙과 훈련에서 자부심을 가지는 것** – 진정한 영적 성숙은 그리스도 안으로 성장하는 것을 포함합니다. 자신을 다른 사람들과 비교하기 시작한다면, 진정한 목표이신 예수님을 시야에서 놓쳐버린 것이 분명합니다.

11. **하나님이 행하시는 일에 "최선두"(cutting edge)"에 자기가 서 있다고 믿는 것** – 이것은 하나님이 행하시고 계시는 가장 중요한 일에

자신이 관계하고 있다는 생각도 포함됩니다.

12. **기계적인 기도 생활을 유지하는 것** - 자신의 기도 시간이 끝나거나, 기도 목록을 따라 기도를 마쳤을 때, 안도감을 느끼기 시작했다면, 그는 자신의 상태를 고려해 보아야 합니다.
자기가 사랑하는 사람과 대화가 끝났을 때, 그는 결코 안도감을 느끼지 않을 것입니다.

13. **사람들로부터 주목받기 위해 무엇을 하는 것** - 이것은 하나님을 두려워하기보다 사람을 두려워하는 우상숭배의 징후입니다. 그리고 그것은 결과적으로 하나님 대신에 사람을 섬기는 종교로 귀결됩니다.

14. **감정주의(emotionalism)를 과도하게 반박하는 것** - 종교의 영에 사로잡혀 있던 사람들이 진정한 하나님의 생명을 만날 때, 하나님의 생명은 그들에게 대개 과도하고 감정적이며, 육적으로 비추어집니다.
하나님을 향한 진정한 열정은 종종 감정적이며, 다윗이 하나님의 언약궤를 예루살렘으로 옮겨

왔을 때, 그가 나타내 보여주었던 것처럼 매우 표현적(demonstrative)입니다(삼하 6:14~16 을 보십시오).

15. **성령의 사역의 대체물로서 감정주의를 사용하는 것** - 이것은 앞에서 지적했던 내용과는 모순된 것처럼 보여집니다. 그러나 종교의 영은 자신을 보호하고 높이기 위해 서로 양립할 수 없는 입장을 종종 취할 것입니다.

이러한 감정주의의 이용은 회개의 증거로서 흐느낌(weeping)과 울부짖음(wailing)을 요구하거나 하나님으로부터 만져주심을 받았다는 증거로서 권능아래 쓰러짐같은 것들을 요구하는 것이 포함될 것입니다.

이 두 가지 모두, 진정한 성령 사역의 증거가 될 수 있습니다. 그러나 우리가 다른 영으로 옮겨 가기 시작하는 것은, 바로 우리가 이러한 현상들을 요구할 때입니다.

제 1 차 대각성 운동이 일어났을 때, 조나단 에드워드가 인도하는 집회에서 가장 거칠고 가장 반역적이던 몇 사람이 바닥에 쓰러져서 24시간 동안, 거기 그대로 있었던 일이 자주 있었습니다.
그들은 변화되었습니다. 그리고 그런 이상한 성령의 현상들이 대각성 운동의 원료가 되었습니다. 그럼에도 불구하고 에드워드는 "부흥을 방해하는 원수들보다 이런 현상들을 날조하여 꾸며낸 사람들에 의해서 대각성 운동이 끝나게 되었다!"고 말했습니다.

16. **자신의 사역이 다른 사람들의 사역보다 나아보일 때 용기를 얻는 것** - 다른 사람의 사역이 자신의 사역보다 더 뛰어나 보이거나 더 빨리 성장하는 것처럼 보일 때 용기를 얻게 된다는 의미를 포함합니다.

17. **하나님께서 지금 현재 행하시고 있는 일에서보다 하나님이 과거에 행하셨던 일에 더 영광을 돌리는 것** - 하나님은 변하지 않으셨습니다. 그분은 어제나 오늘이나 영원히 동일하십니다. 휘장은 제거되었습니다.
그러므로 우리는 과거의 어느 누구보다도 못지않게 오늘날 하나님께 가까이 나아갈 수 있습니다. 종교의 영은 단순히 주님께 가까이 나아가려고 하기 보다는 언제나 일(work)과 다른 사람과 비교하는 것에 초점을 맞추려고 합니다.

18. **새로운 운동들이나 교회들에 대해 의심하거나 반대하는 경향이 있는 것** - 이것이 분명한 질투의 증거이며, 하나님은 자기들을 통하지 아니하고서는 새로운 어떤 일도 행하지 않으실 거라는 주장들은 종교의 영으로부터 나오는 주된 한 가지 열매인 교만입니다.

   물론 그런 정신을 가진 사람들은 새 일을 행하시는 주님께 거의 쓰임받지 못합니다.

19. **자기가 이해하지 못하는 영적 현상들에 대해 거부하려는 태도를 가지는 것** - 자신의 의견이 하나님의 의견과 똑같다고 간주하는 것은 교만함과 오만함의 징후입니다. 진정한 겸손은 우리로 하여금 가르침을 받아들이도록 하며, 열린 마음의 태도를 유지하게 해줍니다.

   또한 판단을 내리기 전에 인내성이 있게 열매를 기다리도록 해줍니다. 진정한 분별은 우리로 하여금 최악의 것이 아니라 최선의 것을 기다리며 소망하도록 해줍니다.

이런 이유로 인해 우리는 "범사에 헤아려 좋은 것(나쁜 것이 아니라)을 취하라"(살전 5:21)는 교훈을 받는 것입니다.

20. **교회에서 육적인 세속성(carnality)에 대해 과도하게 반응하는 것** - 심지어 가장 비판적인 사람들이 생각하는 것보다 교회 안에는 훨씬 더 많은 육적인 것들이 존재하고 성령의 운행하심은 매우 적은 것이 어쩌면 사실일 수도 있습니다.

우리가 우리의 육으로부터 벗어나고 성령님께 대한 우리의 복종 안에서 성장하기 위해, 그런 것들 사이에서 우리가 분별하는 것을 배우는 것이 중요합니다.

그러나 비판적인 사람들은, 아직 60퍼센트 정도의 육적인 사람들을 없애 버릴려고 합니다. 그러나 그들은 작년에는 95퍼센트 정도 육적인 사람이었기 때문에 여전히 성장하고 있는 것입니다. 우리는 그들이 영적인 여정을 계속해서 나아갈 수 있도록 우리가 도와줄 수 있는 것이 무엇인지 이해해야 할 필요가 있습니다.

21. **교회에서 미성숙에 대해 과도하게 반응하는 것** - 주님께 받아들여질 만한 미성숙이 있습니다.

    나의 네 살짜리 아이는 나의 열 네 살짜리 아이와 비교했을 때, 네 살짜리가 훨씬 미성숙합니다. 그러나 그것은 아무런 문제가 되지 않습니다. 사실 그 아이는 두 살짜리와 비교하면 매우 성숙해 있을지도 모릅니다.

    이상주의적인 종교의 영은 다른 중요한 요인들을 고려하는 일없이, 오직 미성숙만 바라봅니다.

22. **하나님의 승인에 대한 증거로서 초자연적인 현상들을 지나칠 정도로 보려는 경향이 있는 것** - 이것은 우리 자신을 다른 사람들과 비교하거나, 계속해서 채점하는 것의 또 다른 한 가지 형태입니다.

    예수님께서 행하셨던 위대한 기적들 가운데 어떤 것들, 가령 "물 위를 걸으시는 것"은 불과 몇 사람밖에는 보지 못했습니다. 그분은 아버지를 영화롭게 해드리기 위해서 그분의 일을 행하고 계셨던 것이지, 자신을 영화롭게 하기 위해서가 아니었습니다.

그들 자신의 사역과 명성을 증진시키고, 세우기 위해 기적들을 증거로 사용하는 사람들은, 생명의 길에서 심각하게 이탈해 온 것입니다.

23. **완전하거나, 거의 완전한 것이라고 자기가 생각하지 않는 어떤 일에는 참여하지 못하는 것** - 주님께서 타락한 인류에 참여하셨고, 자기의 생명을 타락한 인류를 위해 주시기까지 하셨습니다. 그분 안에 거하는 사람들의 품성도 또한 그렇습니다.

24. **종교의 영에 대해 과도하게 편집광적인 것** - 우리가 종교의 영을 두려워하는 것으로 자유케되는 것이 아니고, 그리스도 예수를 믿는 믿음으로 그것을 이김으로 자유케 되는 것입니다.

25. **예수님의 십자가 또는 그분께서 성취하신 것이나 그분의 어떠하심이 아닌, 다른 어떤 것에 영광을 돌리려는 경향이 있는 것** - 만약 우리가 예수님의 십자가, 그분이 성취하신 것, 또는 그분의 어떠하심(who He is)에 근거

하지 않는 어떤 다른 것 위에 우리의 삶이나 사역, 또는 교회를 세우고 있다면, 우리는 어려움이 닥쳐올 때 견디지 못하는 불확실한 토대 위에 세우고 있는 것입니다.

시험 채점

우리 모두는 십중팔구 최소한 어느 정도는 종교의 영에 종속되어 있습니다. 바울은 우리에게 이렇게 권면합니다.

"너희가 믿음이 있는가 너희 자신을 시험하라"(고후 13:5).

우선 그는 "네 이웃을 시험하라"거나 "너의 목사를 시험하라"고 말한 것이 아니고, "너희 자신"을 시험하라고 말했습니다.

다른 사람을 측정하기 위해 이것을 사용하는 것은 우리에게 심각한 문제점이 있다는 징후일 수 있습니다. 만일 이 장(章)이 다른 사람이나 사역에 있는 문제들에 대해서 당신께 조명을 비추어 주었다면, 갈라디아 교인들을 향한 바울의 경고에 유의하면서, 성령 안에서 당신의 반응을 분명히 하십시오.

"형제들아 사람이 만일 무슨 범죄한 일이 드러나거든 신령한 너희는 온유한 심령으로 그러한 자를 바로 잡고 네 자신을 돌아보아 너도 시험을 받을까 두려워하라"(갈라디아서 6:1).

종교의 영으로부터 자유케 되기 위해 우리가 할 수 있는 열 가지 것들

진정한 주님과의 친밀함 대신에 종교의 영에 매여 있는 사람들이 종교적 활동을 더 부추키기만 하는 의미로서 이 목록을 해석할 수도 있다는 분명한 이유로 인해 이 목록을 공식화하려고 시도하는 것을 다소 망설여 왔습니다. 그러나 만일 당신이 이것을 읽을만큼 겸손함을 가지고 있다면, 주님께서는 우리로 하여금 그분께 가까이 나아가도록 우리를 도우시기 위해 지침들을 제시하신 것처럼, 이 목록들을 적절하게 이용할 수 있도록 그분의 은혜를 당신께 주실 것입니다.

1) 주님과의 은밀한 관계를 발전 시키십시오.

주님께서는 그들의 행위를 사람들에게 보이려고 행

했던 바리새인들처럼 되지 말고, 아버지 앞에서 은밀한 가운데 그들의 행위를 하라고 제자들에게 경고하셨습니다.

이런 식으로 우리는 우리의 소망과 신뢰를 그분과 우리의 관계에 두어야 하고, 사람들에게 두어서는 안 됩니다.

하나님께서 우리를 아신다는 사실을 우리가 아는 것보다 더 큰 안전은 없습니다. 주님께서 "너희가 서로 영광을 취하고 유일하신 하나님께로부터 오는 영광을 구하지 아니하니 어찌 나를 믿을 수 있느냐"(요한 5:44)라고 경고하셨듯이, 영광을 구하거나 사람들로부터 인정받기를 구하는 것은 아마도 진정한 믿음에 대해 우리가 할 수 있는 가장 파괴적인 것들입니다.

2) 아버지께서 아들을 사랑하셨던 것과 동일한 사랑이 우리 안에도 있게 해주시도록 기도하십시오.

주 예수님께서 친히 아버지께서 자기를 사랑하셨던 것과 동일한 사랑이 우리 안에 있게 해 주시도록 기도하셨습니다(요 17장). 아버지와 완전하신 조화 가운데 있는 하나님 아들의 이 기도는 응답될 것이지만, 우리는 우리가 구하지 않기 때문에 그것을 가지고 있지 못한 것입니다.

3) 사람에게로부터가 아닌 하나님께로부터 인정받은 자신을 보여주시도록 노력하십시오(딤후 2:15).

사람들 앞에서 우리의 지식을 드러내 보여주기 위해서 하나님의 말씀을 연구하거나, 사람들 앞에서 우리의 지위를 증명해 보여주기 위해서 하나님의 말씀을 연구할 때, 우리는 진리로 인도하시는 진리의 성령으로부터 벗어난 상태에 있는 것입니다.

진리의 성령께서는 예수님을 드러내시기 위해 오셨으며, 우리를 드러내주시기 위해 오신 것이 아닙니다. 우리는 예수님을 추구하기 위해 그분의 말씀을 연구해야 하고, 사람이 승인하는 것이 아니라, 예수님께서 승인하시는 것을 행해야 합니다.

주님께서 바리새인들에게 이렇게 경고하셨습니다.

"너희는 사람들 앞에서 스스로 옳다 하는 자이나 너희 마음을 하나님께서 아시나니 사람 중에 높임을 받는 그것은 하나님 앞에 미움을 받는 것이니라"(누가복음 16:15).

만일 우리가 사람들로부터 높임을 받는 일들을 하

기 위한 동기를 가지고 있거나, 사람들 앞에서 우리의 의를 드러내려는 동기를 가지고 있다면, 우리는 하나님의 눈에는 매우 거슬리는 행위를 하게 되는 것입니다.

4) 날마다 주님과만 함께 하는 좋은 시간을 가지십시오.

어떤 다른 사람과 함께 시간을 보내는 것보다 오직 주님과 함께 더 많은 시간을 보내는 지점에 이르기까지, 주님과 함께 보내는 좋은 시간을 증가시키십시오. 우리가 끊임없이 그분과 함께 시간을 보낼 때, 우리의 영적인 생활을 우리의 행위(works)로서 측정하도록 내모는 죄의식에도 사로잡히지 않게 될 것입니다.

5) 매일 주님의 음성듣기를 추구하십시오.

주님의 양은 주님의 음성을 압니다(요한복음 10:27).

그들은 주님과 많은 시간을 보내기 때문에 주님의 음성을 압니다.

만일 이 땅의 선한 부모가 그들의 자녀들과 매일 어느 정도의 시간을 보내기를 추구한다면, 하물며 우리 주님은 얼마나 더 우리와 함께 시간 보내기를 원하시겠습니까?

그러한 시간의 질은 교통(communication)의 질로써 측정되어질 수 있습니다.

주님께서는 날마다 우리 모두에게 말씀하시기를 참으로 원하십니다. 만일 우리가 어떤 의미있는 방식으로 그분으로부터 들을 때까지 잠자리에 들지 않는다면, 우리의 삶은 신속하게 변화될 것입니다.

우리가 날마다 할 수 있는 가장 중요한 일은 그분과 함께 시간을 보내고 그분으로부터 듣는 것입니다. 그러나 주님의 말씀 듣기만 추구하지 말고, 말씀이신 주님 자신을 듣고자 하십시오.

6) 주님께서 우리의 이웃들에 대해 가지고 계시는 그 사랑을 우리에게 주시도록 주님께 요청드리십시오.

오직 그렇게 할 때만, 그들에 대한 우리의 증거와 사역이 순결하게 될 것입니다. 그러나 우리는 주님을 가장 우선 순위로 사랑하고 또한 가장 으뜸으로 사랑하도록 언제나 노력해야 합니다. 만일 우리가 우리의 자녀들이나 우리의 이웃들을 사랑하는 것보다 주님을 더 사랑한다면, 우리는 그렇게 하지 않을 때보다 그들을 더욱 사랑하게 될 것입니다.

7) 다른 사람들에 대한 비판을 그들을 위한 중보기도

로 바꾸도록 노력하십시오.

다른 사람들에게 있는 어떤 잘못된 것을 볼 때 당신의 첫번째 반응은 그들을 위한 은혜를 구하면서 그들을 위해 기도하는 것이 되도록 하십시오.

만일 특별히 누군가가 당신을 화나게 한다면 심지어 그 사람을 위해서까지도 기도하려고 힘쓰십시오. 당신이 만일 그들을 위해 기도로 투자하면 "너희 보물이 있는 곳에 네 마음이 있다"는 말씀처럼, 당신은 진정으로 그들을 사랑하기 시작할 것입니다.

그래서 만일 주님께서 당신에게 그들을 자유케 할 진리의 사역을 맡길 수 있을 정도로 충분히 그들을 사랑한다면 사랑 위에 진정한 영적 권위의 기초는 놓아진 것입니다.

하늘에서 인정하는 가장 위대한 영적 권위의 기초는 놓아진 것입니다. 하늘에서 인정하는 가장 위대한 영적 승리들 가운데 어떤 것들은 원수를 친구로 만든 것들인데, 그렇게 함으로 어둠에 거하던 사람들이 빛의 자녀들이 된 것입니다. 이것이 언제나 우리의 목표가 되어야 합니다.

8) 주님의 영광을 보도록 주님께 끊임없이 요청드리십시오.

수건을 벗은 얼굴로 그분의 영광을 볼 때 우리는 그분의 형상으로 변화받게 됩니다(고후 3:7). 교회를 이해하는 것은 중요합니다. 그러나 우리가 그분의 영광을 볼 때까지 그것은 오직 교리로서 남습니다. 우리가 그분을 바라볼 때, 교리는 우리의 성품이 될 것입니다. 그것은 우리 지성(mind)의 믿음에 의해서가 아니라, 우리의 심령(heart)의 믿음에 의해서이며 심령의 믿음을 가지게 될 때 그 결과는 우리의 의로움입니다.

9) 어느 곳에서나 하나님을 아는 지식의 달콤한 향기를 드러내는 것을 당신의 가장 높은 목표의 한 가지로서 유지하십시오.

모세와 같이 그분의 임재가 당신과 함께 가시려고 하지 않는 곳은 어디든지 당신을 보내지 말아달라고 요청해야 합니다. 우리는 오직 그분이 계시는 곳에 있기를 원해야 합니다. 그리고 우리는 항상 왕의 임재 가운데 거하기에 적합한 존재인 것처럼 처신해야 합니다.

10) 당신이 이러한 어떤 것들을 적절히 행하는데 실패했을 때, 용서를 구하고, "뒤에 있는 것은 잊어

버리고 앞에 있는 것을 잡으려고 푯대를 향하여 그리스도 예수 안에서 하나님이 위에서 부르신 부름의 상을 위하여 좇아가십시오"(빌립보서 3:14).

결 론

 기본적으로 종교의 영은 영적인 생명의 원천으로서 성령님을 대치하려고 합니다.

 우리의 행함에 근거한 회개로서 우리를 은혜로 인도하는 진정한 회개를 대치시키려고 노력함으로써 이것을 행하는 것입니다.

 이것의 효과는 진정한 겸손을 교만으로 대치하는 것입니다.

 참된 종교는 하나님을 사랑하고, 그리고 우리의 이웃을 사랑하는 것 위에 기초를 두고 있습니다. 참된 종교는 훈련과 순종을 증진시킬 것입니다. 그러나 인정받는 것이나 받아들여지는 것에 대한 필요나 열망이라기 보다는 하나님을 사랑하는 것 위에 세워져 있습니다.

자신의 남편을 사랑하기 때문에 자신의 외모를 아름답게 유지하는 아내는 자기 자신의 자아(ego) 때문에 그렇게 하는 사람과는 쉽게 구별될 것입니다. 전자는 은혜의 고귀함(diginity)이 있는 아름다움을 지니게 될 것이지만, 후자는 육체적인 매력이 될 수 있긴 하지만, 그것은 진정한 사랑의 타락된 형태인 유혹적인 매력이 될 것입니다.

종교의 영은 기본적으로 선과 악의 지식나무의 "선한" 측면이 나타난 것입니다. 아담과 하와가 동산에서 그 나무에서 열매를 따서 먹었을 때, 첫번째 나타난 결과는 그들은 그들 자신을 바라보았다는 사실입니다.

자기중심성은 그 열매를 치명적으로 만든 독이며, 또한 그것은 지금도 여전히 그 뱀이 우리에게 주려고 꾀하는 가장 치명적인 독입니다.

우리의 주의를 우리 자신들에게 초점을 맞추게 하고 그리스도인의 삶의 개념을 행위에다 두게 하는 종교의 영과는 대조적으로, 성령께서는 우리로 하여금 언제나 그리스도 중심의 삶으로 인도해 주십니다.

성령께서는 우리를 주님께 연결시킴으로서, 그리고 주님께서 십자가 위에서 우리를 위해 성취하신 사역을 적용함으로서 열매를 산출합니다. 왜냐하면 "십자가의 도가 멸망하는 자들에게는 미련한 것이요 구원을 얻은 우리에게는 하나님의 능력이라"(고후 1:18)고 성경이 말씀하시는 그대로이기 때문입니다.

그러나, 우리는 이것은 그리스도의 십자가이고 우리 자신의 십자가가 아니라는 사실을 이해해야 합니다.

우리는 우리 자신을 부인하고 날마다 우리의 십자가를 지도록 부름받았습니다. 그러나 우리는 우리 자신의 희생들이라는 미덕에 의해서 살기를 힘쓰거나, 자기 비하에 영광을 돌리기 위해 부름받은 것이 아닙니다. 오히려 어느 쪽인가 하면, 우리는 예수님께서 성취하신 것과 예수님께서 치르신 희생에 영광을 돌리기 위해(빌립보서 3:3) 부르심을 받았습니다.

우리는 오직 그리스도의 십자가의 기초 위에만 우리의 입지를 가집니다.

우리가 하나님의 보좌 앞으로 담대히 나아갈 수 있는 것은 우리가 좋은 날이나 나쁜 날을 보냈거나 보내지 않았거나 관계가 없으며, 또 우리가 얼마나 적절하게 우리의 종교적인 의무를 수행했는가 하는 것과도 관계가 없습니다. 우리가 하나님 앞에서 받아들여지는 것과 그분의 임재 안으로 들어갈 수 있는 것은 오직 한 가지 사실에만 근거하는데, 그것은 바로 우리의 칭의(justification)를 위하여 예수님께서 치르신 희생인 것입니다.

이것은 개인적 성결(holiness)에 대한 필요성을 부정하지 않습니다. 왜냐하면 야곱이 주장했듯이 "행함이 없는 믿음은 그 자체가 죽은 것"(야고보서 2:7)이기 때문입니다.

만일 우리가 그리스도께 연결되어 접붙여진다면, 우리는 죄 가운데 계속 살지 않을 것입니다. 그러나 우리가 그분 안에 거하기 위하여 죄로부터 자유케 되는 것이 아니라, 그분 안에 거함으로 죄로부터 자유케 되는 것입니다.

예수님은 길이요, 진리요, 그리고 생명이십니다. 만일 그분이 우리의 생명이 아니라면, 그때 우리는 길과 진리 어느 것도 참으로 알지 못합니다.

예수님께서 우리의 생명이 되는 것에 의한 본질적인 연합으로부터 우리를 억제하고 있는 동안 길과 진리의 영역에서 기독교를 유지하려고 시도하는 것은 종교의 영입니다.

진정한 기독교는 우리가 단지 믿는 것 뿐만이 아니라, 우리가 믿는 분을 포함합니다.

진정한 예배는 주님을 보는 것을 예배의 목적으로 하지 않습니다. 왜냐하면 예배는 오히려 그분을 봄으로서 생겨나기 때문입니다. 우리가 그분을 볼 때, 우리는 그분을 예배하게 됩니다. 우리가 그분의 영광을 보게될 때, 우리는 더 이상 우리 자신의 독단적이고 부정적인 성질에 사로잡히지 않게 되고, 우리의 혼은 그분의 아름다우심에 사로잡히게 됩니다. 어린 양이 들어가실 때, 24 장로들조차도 그분의 발 앞에 그들의 면류관을 던질 것입니다(계시록 4:10). 그것이 바로 그분을 보고, 그분 안에 거하고, 그리고 그분을 드러내는 진정한 믿음의 목표입니다.

세상은 점점 더 종교에 의해 거절당하게 되어가고 있습니다. 그러나 예수님이 높이 들리실 때, 모든 사람들은 주님께로 이끌리게 될 것입니다(요한 12:32). 왜냐하면 모든 피조물들은 그분을 통하여 그리고 그분을 위하여 창조되었기 때문입니다. 우리 모두는 우리 혼 안에 예수님 크기의 구멍을 가지고 있습니다.

예수 그리스도와의 진정한 관계를 제외하고는 어떤 것도 인간의 마음의 갈망을 만족케 해주거나, 우리에게 평강을 가져다 주는 것은 없을 것입니다.

우리가 진실로 예수 그리스도께 연결될 때, 멈추지 않는 생수가 우리의 존재 가장 깊은 곳에서부터 흘러 나오기 시작합니다.

점점 더 많은 사람들이 자유케 되고, 이 생수가 그들 안에서 흐르기 시작함에 따라, 그것은 이 땅의 한 가운데 있는 커다란 생명의 강이 될 것입니다.

이 강으로부터 마시는 사람들은 다시 목마르지 않을 것입니다. 그들은 인간의 혼의 가장 심원한 갈망에 대한 만족을 발견하게 될 것입니다. 우리가 종교의 영으로부터 자유케 되면 될수록, 이 물들은 점점 더 맑고 더 깨끗하게 될 것입니다.

특별한 감사

본서의 마지막 부분에서 사용된 내용의 일부와 종교의 영의 경고 사인들 내용 중 일부는 잭 디어(Jack Deere)의 뛰어난 테잎 시리즈인 "종교의 영을 드러냄 (Exposing the Religious Spirit)"에서 발췌한 것입니다.

그리고 이 테잎은 모닝 스타 출판사에서 테잎 카타로그를 통하여 주문해서 구입하실 수 있습니다.

종교의 영을 몰아 내십시오

발행일　　2002년 11월 1일
수정4쇄　2025년 7월 25일
지은이　　릭 조이너
옮긴이　　김병수
펴낸이　　장사경

펴낸곳　　Grace Publisher(은혜출판사)
출판등록　제1-618호.(1988.1.7)
주소　서울 종로구 숭인 2동 178-94호
전화　(02) 744-4029
팩스　(02) 744-6578
홈페이지　www.okgp.com
e-mail　okgp@okgp.com

ⓒ 2007 Grace Publisher, Printed in Korea
　　ISBN 89-7917-488-8　04230
　　ISBN 89-7917-487-X　04230(세트)

▶은혜기획 :　· 기획에서 편집(모든 도서)까지 저렴한 가격으로 출파대행
　　　　　　· 모든 인쇄(포스터, 팜플렛, 광고문)등을저렴한 가격으로 제작대행
　　　　　　　(T) (02) 744-4029, (F) 744-6578

Grace Grace Grace Grace
은혜출판사 은혜출판사 은혜출판사 은혜출판
Grace Grace Grace Grace
은혜출판사 은혜출판사 은혜출판사 은혜출판
Grace Grace Grace Grace
은혜출판사 은혜출판사 은혜출판사 은혜출판
Grace Grace Grace Grace
은혜출판사 은혜출판사 은혜출판사 은혜출판
Grace Grace Grace Grace
은혜출판사 은혜출판사 은혜출판사 은혜출판
Grace Grace Grace Grace
은혜출판사 은혜출판사 은혜출판사 은혜출판
Grace Grace Grace Grace
은혜출판사 은혜출판사 은혜출판사 은혜출판
Grace Grace Grace Grace
은혜출판사 은혜출판사 은혜출판사 은혜출판
Grace Grace Grace Grace
은혜출판사 은혜출판사 은혜출판사 은혜출판
Grace Grace Grace Grace